I0781357

LO FEO DE CARACAS

CARLOS CAGUANA

LO
FEO
DE
CARACAS

EL BLOG DEL INMIGRANTE VENEZOLANO

CARLOS CAGUANA

LETRA

BIENVENIDO

Antes de que continúes leyendo te pido que, por favor, abras tu mente. No te encuentras ante un libro de narrativa novelística ni ante un ensayo literario, sino que estás frente a un blog hecho papel. Sí, un blog, de esos que encuentras a través de un enlace que compartieron en la biografía de tu Facebook o Twitter, cliqueaste alguna vez y pasó al olvido, o al menos eso fue lo que sucedió con *lofeodecaracas*, así mismo, con los caracteres pegados, recordemos que se trata de un blog.

Lofeodecaracas fue un blog subido a la plataforma de Wordpress en el año 2014, y hoy lo tienes en tus manos titulado *Lo feo de Caracas*, se ve más bonito así, ¿verdad? Por supuesto, tiene más estética en formato libro.

Es curioso cómo cambian muchas cosas cuando se juega con las plataformas donde se expone algo. En una novela tenemos detalles que el cine, cuando hace una adaptación, corta por temas de tiempo y de acción, recordemos que el cine es un arte que funciona con acciones y ciertas cosas deben ser cambiadas. Pero estamos ante el caso de un blog, con prácticamente lo mismo pero corregido y uno que otro aporte del autor... ¿Autor? A esto quería llegar. Tenemos lo mismo pero pasamos de la plataforma web al papel, a menos que estés leyendo esto en formato e-book, puede ser. Mientras el autor, o sea yo, haya escrito esto en la web es considerado un *blogger*, o bloguero, qué lindo que el español ya sea flexible, qué lindo. Ahora dirán por ahí: "el escritor de Lo feo de Caracas", ¡Uy! Suena mejor, eso debo reconocerlo, al menos a mí me gusta más.

Te contaré cómo pasó esto, es una historia simple: un día fui a la librería y vi un librito de poesía, cuyo nombre no recuerdo, su concepto era el de colocar *tweets* de distintas cuentas de Twitter, eso era todo, los versos eran compuestos por 140 caracteres y participó más de una persona en él, a pesar de haber un compilador. Interesante, ¿verdad? Bueno, a mí me lo parece.

No puedo decir que esto se trate de lo mismo, pero el concepto básicamente lo es.

Traer aquello que está en la web al papel me parece fascinante, más por la manera en que las redes sociales llegaron a mí.

Comencemos por el principio: ¿Cómo nace *lofeodecaracas*?

Un día estaba caminando hacia el Parque Los Caobos, uno de los más grandes de la ciudad de Caracas, en ese entonces cursaba el último año de la carrera de Letras en la Universidad Católica, golpeado por un acontecimiento personal reciente: el fallecimiento de mi mamá. Es importante mencionarlo porque mi cabeza estaba llena de un romanticismo en cada paso, cuando llovía la recordaba y decoraba mis pensamientos con alguna canción imaginaria que sonase con un piano de fondo. Un romántico total.

Cuando estaba a punto de llegar al parque, paso por un puente que siempre estaba allí, pero por primera vez me di cuenta de su existencia, debajo había una suerte de vivienda, con cocina y todo. Dentro había una familia, o eso era lo que podía observar a la distancia, desde la calle.

"¡Qué curiosa esta ciudad!", pensé. En ese momento me pregunté por qué la gente no habla de esas cosas simples de

Caracas, hay tantas curiosidades como en cualquier ciudad del mundo, pero no pasan más allá de conversaciones con amigos, de cafés o vinos, sería bueno inmortalizar eso que viste alguna vez.

En ese momento escribo mi primer post, después de una experiencia que observé aquella tarde. Al principio recibía comentarios solo en mi muro de Facebook, compartía el artículo como si el blog fuese de otra persona, no colocaba mi nombre en ningún post, y así seguí, hasta que un día publiqué un artículo llamado *"¿Pa' qué te vas a pasar trabajo fuera de Venezuela?"* fue un éxito, a las pocas horas ya tenía más de cien mil visitas. A pesar de ello fue el único post que podríamos considerar "famoso".

Lo interesante de hacer una compilación de los artículos más importantes de *lofeodecaracas* es que se muestra la evolución de una persona.

Hagamos un ejercicio simple para entender esto. Imaginemos que yo, quien te escribe, me convierto en un personaje, de hecho, así sigas leyendo a este ritmo no dejo de ser un personaje porque desdoblo mi Ser en el papel ¿Complicado? Hagámoslo más sencillo, después de que termines de leer este prólogo, me verás como un personaje, y cada fecha servirá como un diario para entender el contexto en el que escribí cada cosa y cómo ese personaje (yo), ha evolucionado su manera de pensar y cómo su concepto de amor a la patria ha cambiado. Esto último es lo más interesante, considerando que la mayoría de los venezolanos hoy por hoy 2018, cuando escribo esto, añoramos estar fuera del país, pero una vez fuera extrañamos la casa.

Me recuerda un poco a Hesíodo, no te preocupes, ya te explico: es un filósofo griego que escribió *Trabajos y días*, una obra de la cual rescato el hecho de que hable de la Edad de Oro como lo mejor, todos tenemos una Edad de Oro en nuestras vidas, por lo general nuestra infancia, esa época donde los dulces eran más sabrosos y no había una preocupación real por la muerte sino por el dolor físico. La Edad de Oro es ahora Venezuela para el inmigrante, la añora después de haber querido salir de ella como sea.

Hoy recordamos los dulces más ricos cuando éramos niños, pero realmente estamos siendo idealistas, son los mismos dulces pero añoramos el pasado, ese es el precio de madurar. Así mismo, idealizamos el país que hemos dejado atrás.

En este libro podemos ver cómo hay una evolución de ideas de una persona que comenzó hablando de su ciudad pero de pronto quiso migrar, luego, y sin anestesia, nos encontramos en Perú, donde esa persona ya habla como inmigrante. El tono humorístico de las primeras páginas evoluciona a un tono nostálgico, y eso sin que el personaje se dé cuenta, pero tú, querido lector, tienes un resumen de todo ese tiempo en tus manos, por ello resulta interesante, porque a través del papel hemos inmortalizado el tiempo, gracias a un blog.

No puedo pasar por alto el hecho de que viviendo en Perú quise hacer lo mismo con Lima, pero esta vez, a través de un canal de YouTube, sin embargo, leyendo los comentarios en mi canal que lleva mi nombre, me doy cuenta de que hubiese sido un suicidio colocarle como título "*Lo feo de Lima*", ya me hubiesen visto crucificado por allí.

Te das cuenta en este punto que no es lo mismo hablar de cosas curiosas, no siempre positivas, de tu propio país, a hablar de lo mismo siendo extranjero. Tienes que filtrar lo que piensas.

Estoy seguro de que esta puede ser la misma voz de muchos ciudadanos latinoamericanos cuando están fuera de su país, pretendo ser en este momento la voz de sus pensamientos, esa voz que grita desesperada dentro de la cabeza. Pero, sobre todo, la voz de varios venezolanos, que estando en su propio país el chavismo los obliga a sentirse extranjero, poniéndoles prisión a su voz.

Para ser democrático, me pareció correcto mantener la esencia del blog y colocar algunos comentarios de varios artículos, al final de cada uno. De esta manera no queda grabada únicamente mi letra sino la de lectores que ahora toman el rol de personajes de un libro, opinando y dando forma. Aclaro que los comentarios fueron puestos al azar en artículos con mucha interacción, y sin comentarios en aquello que no tuvieron (los dos primeros).

Ya estando en Perú le puse firma a mi blog, sin miedo colocaba mi nombre, y hasta realicé varios videos en mi canal de YouTube donde convertía los artículos en material audiovisual, nada profesional, cabe acotar. Al menos ya tenía libertad de opinar sobre mi país, aunque siempre procuré tocar temas sociales más que políticos.

Insisto en lo que dije al principio: te pido que abras la mente. Esto es un blog hecho papel. Cuando leas, ten en cuenta la fecha y el contexto social de un joven universitario de la Católica de Caracas escribiendo un primer artículo con una visión social bastante ingenua, alienada, hasta el último artículo escrito desde Perú trabajando como mesero.

Este blog fue perdiendo ritmo poco a poco porque sin estar en Caracas, ya no podía hablar con propiedad de las cosas de Caracas.

CARACAS MARGINAL Y DE PREJUICIOS

Junio 07, 2014

Si has pasado por Plaza Venezuela seguramente conoces, o al menos has transitado, frente al mercadito que está al lado de la salida de metro que conduce hacia la Gran Avenida. Para ser exactos, frente al edificio del SEBIN (Servicio Bolivariano de Inteligencia Nacional). Llama la atención la marginal infraestructura del mercadito que hace ruido ante los imponentes edificios que rodean la zona y más aún, porque Plaza Venezuela es de esas pocas zonas de Caracas donde, a simple vista, no se ven los particulares ranchos de la ciudad. Con regularidad almuerzo en un restaurante self-service clase media de la zona y, a pesar de que no suelo ser de esos que hacen amistad con el personal, sí respondo las "buenas tardes" y reconozco de vista a los empleados.

Hoy, a eso de las cinco de la tarde, mientras trataba de esquivar el tráfico de personas que normalmente se acumula en la acera que está frente al mercadito, la misma donde se toman las llamadas "camioneticas" que tienen como ruta San Antonio-Los Teques; decido adentrarme entre los pasillos del horrible lugar, para ahorrarme empujones e insultos. No es la primera vez que hago esto, pero sí es la primera vez que encuentro un rostro conocido: uno de los empleados del restaurante, el chico que de lunes a viernes me sirve la comida.

Caminé más deprisa, creo que no reparó en mi presencia, pero el encuentro hizo que me preguntara por la situación económica del chico y, el porqué estaba allí. Un pensamiento que surgió de la contaminación de prejuicios que rodea la sociedad caraqueña a la cual pertenezco. Comencé a especular: ¿Trabaja medio tiempo en el restaurante y medio tiempo en un local del mercadito? ¿Será algún local de la familia y para "matar tigrito" trabaja en el restaurante? Lo cierto es, que siempre lo veo sonriendo.

Esta situación del doble trabajo es común en nuestro país, lo sabemos. Pero se ha convertido en un hábito tan fuerte que lo aceptamos con naturalidad y muchos viven felices así. Después de este breve episodio, observé bien el lugar y noté cosas que no había visto antes, entre ellas algunas peluquerías, un lugar de *pedicure* donde todo el mundo ve el trabajo que hacen sobre tus pies, una frutería y unas licorerías.

Eso, además de los numerosos locales que venden accesorios para celulares, ropa, entre otras cosas. De inmediato llegó a mi cabeza un artículo fotográfico que vi hace poco sobre la famosa Torre de David de La Candelaria, el llamado "barrio más alto del mundo". Aunque esto no puede compararse en tamaño, sí tiene mucha similitud en cuanto a concepto. Ambos son lugares marginados que no encajan en el ecosistema urbano, pero que ya forman parte habitual del ojo que se acostumbra a transitar.

Yo mismo, cada vez que uso a ese mercadito como referencia, lo llamo "el mercadito de los buhoneros", lo cual es un error, en teoría. Si entramos a sitios web como OLX, encontramos locales en venta ubicados en ese lugar, con todos sus papeles en regla. Ahora bien, de allí a saber si pagan impuesto, no tengo la respuesta. Pareciese que no, pero nuevamente es el prejuicio lo que levanta la voz en mis pensamientos.

Caracas es una ciudad así, loca. Donde el rico tiene al marginado como un adorno desde su ventana, y el rancho no siempre significa clase baja porque en muchos de ellos hay televisores con tecnología 4K que yo mismo, que vivo en un viejo edificio de clase media, desearía tener. Ni hablar de los edificios de Misión Vivienda (edificios creados por el Gobierno), para nadie es un secreto que son los mismos barrios de zinc convertidos en concreto.

El chico del restaurante tiene el léxico para trabajar en ese restaurante donde suelo comer, pero también trabaja en el mercadito. El caraqueño común, que camina deprisa y no repara en nada, pero un día se detiene en ese local del mercadito donde trabaja el chico, y decide pensar quién es, no se le ocurriría que trabaja en un restaurante de reputación aceptada. Eso es lo feo de esta ciudad, en un país polarizado y donde la política nos ha vuelto desconfiados y críticos, nos acostumbramos a aceptar el prejuicio con naturalidad. Bienvenidos a lo feo de Caracas.

SEXO Y PERRO CALIENTE EN PLAZA VENEZUELA

Junio 10, 2014

"¿No te provoca un asquerosito?", es una de las frases más comunes en el habla del caraqueño. Comerse un perro caliente, pepito, hamburguesa, o el famoso por excelencia de la ciudad: el choripán, es una de las maneras más factibles para "matar el hambre" cuando se tiene prisa, ya que ahora no se puede justificar su consumo por falta de presupuesto, pues, un pepito en un carrito de esos ronda entre los cien y ciento cincuenta bolívares (tarifa de esa fecha) sin incluir bebida. Eso, si al día siguiente no suben el precio.

Llamarlos "asquerositos" pienso que es acertado. En Plaza Venezuela, a los alrededores de la Plaza Bolivia —esa donde se paran los Metrobuses–, hay cinco carritos de comida rápida y, en ninguno de ellos, se utiliza guantes para preparar tu comida. Lo único que debes hacer antes de degustar es mantenerte de pie del otro lado de la barra, y estar pendiente de que la saliva o el moco, producto de alguna risotada del "cocinero", no caiga sobre lo que vas a comer.

Llama la atención que en Caracas, una de las maneras más económicas de acompañar un buen polvo cuando no se tiene sitio, es ir a un hotelito más o menos decente de Plaza Venezuela, Sabana Grande o el Centro, y acompañarlo con un asquerosito, ya que lo demás está cerrado por las noches. El sexo de bajo costo se lleva muy bien con la comida asquerosa. Deseando, a su vez, que el sexo no resulte tan asqueroso como la comida.

Un día, iba pasando por la Avenida Bolivia de Los Caobos a eso de las once y media de la noche, es una avenida que va desde la fuente de Plaza Venezuela hasta la Torre Previsora. Y observo el lugar donde guardan los carritos de perro caliente. Es una casa vieja, que apenas un par de veces había reparado en ella, hasta que en otra ocasión pasé por allí en un taxi y el taxista me contó que una vez, ese lugar, fue un prostíbulo muy famoso.

Mi curiosidad se despertó, y le pregunté a un chico que trabaja en el quiosco frente a la casa vieja. Su versión era la de dos hermanos que cuidaban a su madre enferma, hasta que murió y el dueño de la vivienda les pidió desalojo, después de eso se fueron a Chile. Pero hace sesenta años, la casa era un hotel muy famoso de la zona, cuando solo había caobos y ningún edificio. No supe nada más, lo del prostíbulo fue la versión del taxista que probablemente frecuentaba el lugar.

De ser cierto lo del prostíbulo, parece curioso que ahora sirva de almacén para los carritos de perro caliente de Plaza Venezuela. Teniendo en cuenta que la zona se presta para comprar por las noches un combo de sexo y perro caliente. Probablemente ese lugar siga hoy, de manera más discreta, ofreciendo ese servicio disfrazándose de almacén.

EL ROL DEL GAY EN CARACAS

Junio 12, 2014

Caracas es una de esas ciudades de Latinoamérica, y del mundo, donde aún se le pregunta a un homosexual, sea gay o lesbiana, por quién es el macho o la hembra de la relación. No solo para alimentar la curiosidad de quién se coge a quién y quién paga las salidas al otro, sino que, más allá de eso, la pregunta se les hace a estas personas homosexuales como si se tratase de un objeto u animal que actúa por instinto, y no como un ser pensante que forma parte de la cotidianeidad de la sociedad. Aún, a pesar de ser medianamente aceptado, ser gay es ser raro.

Particularmente, en Venezuela, se puede clasificar al homosexual en dos categorías: el del pueblo y el de la ciudad. Entendiendo como pueblo aquellas zonas donde, a pesar de existir un alto índice de personas que usan Facebook y Twitter, siguen con una mentalidad de "no globalización". Y de ciudad, aquellas zonas donde hay una mayor consciencia de la civilización, además de una infraestructura aceptable.

El gay de pueblo generalmente es visto como una "loca" o "camión". Esto sucede claramente porque, al no haber una aceptación popular, tienden a salir del closet aquellos clichés estereotipados, y los homosexuales que no se sienten identificados con ello, terminan algunos, por formar una familia con pareja heterosexual y viviendo infelices.

Con la ciudad pasan muchas cosas. No hay un solo tipo, sino que la vida agitada obliga a formar distintas personalidades. Pero hablemos de Caracas. En esta ciudad hay muchas miradas abiertas y ciegas. La ciudad vive en un constante agite, de hecho, es una de las ciudades más caóticas de Latinoamérica y, me atrevo a decir que la más insegura. Dentro de ese caos te pasan miles de personas al lado y no te das cuenta de cómo es ni de quién es. A veces, a tu lado hay un beso lésbico y no reparas en ello, a menos que te sientes a observar, lo cual pocos hacen.

Hace poco, un profesor cuenta que en el centro comercial San Ignacio, en la parte trasera del mismo, frente al colegio, hay un grupo de muchachos que visten de negro y que, probablemente, consumen drogas a escondidas, pero además, practican evidentes actos homosexuales en público.

Y esto es un tema sin fin: la relación de las drogas con la homosexualidad.

Cuando se repara en la presencia de un gay, inmediatamente se asocia con todo lo negativo de una sociedad, a esto me refiero con drogas, ETS, aborto, delincuencia, entre otras cosas. ¿Por qué? Porque además de haber un tabú religioso, hay un cierto temor por la destrucción de la familia o la extinción de la raza, para ser extremistas. Esto, por supuesto, es una estupidez.

Es cierto que Caracas tiene una tasa de mortalidad bastante alta, pero la de natalidad no se queda atrás. Pero más alta aún, es la tasa de prejuicios y de gente que vive con el "qué dirán". Y no es de extrañar, si todavía hay personas que creen que comer con los codos sobre la mesa es atentar contra el orden social y que creen que seguir el famoso Manual de Carreño es seguir a lo bueno. Hay que tener claro que ese manual no es más que un intento político de convertir a Caracas en una París tropical durante el gobierno de Guzmán Blanco. Nunca nuestros gobernantes han dejado de ser *wanna be* y siempre han querido convertirnos en otra cosa. Demás está el hablar del gobierno actual (Nicolás Maduro).

Esta es una sociedad que cree en un Dios de algunos, no en un Dios de todos. Que aunque el Papa apruebe la homosexualidad, el católico caraqueño seguirá negándola. Y, además, es una sociedad tan polarizada, que los derechos son de unos y no de todos. Caracas debería quererse un poco y comenzar a ser una ciudad bonita.

<u>**Comentarios:**</u>

CJF:

Agosto 28, 2014

Hablemos claro: el homosexual en Venezuela es MUY MAL VISTO. La palabra para definirlos es esta: "MARICO". Y tienen un RECHAZO SUPREMO.

Alberto Rodríguez:

Enero 5, 2015

Me gusta mucho cuando se tocan estos temas. Hace poco leía un artículo donde se hacía énfasis en la discriminación que se ve en la mayoría de las ciudades de España, aun cuando el país aprueba el matrimonio gay. A mi parecer, para exterminar de una vez con todo esto, se debe enseñar a los niños que existen gustos y preferencias que van más allá de la heterosexualidad... Hablar claramente de las cosas, de un hombre que tiene una relación con un hombre; sin tener que decir: "Esos son maricos, aquel es el marido y el otro es la mujer". Sólo así se romperá la red de discriminación que han venido implantando nuestros antepasados, como un chip maldito que entierran en el cerebro de los infantes desde muy pequeños. Cuando se llegue a ver esto como algo natural desde la niñez, no existirán prejuicios al crecer. Lo que se esconde no sólo crea desconocimiento sino también curiosidad e ignorancia y la combinación de estos 3 factores genera la discriminación hacia los homosexuales.

Nina Junot:

Marzo 13, 2016

La verdad, qué artículo tan fragmentado en su composición. Comienza un párrafo y en vez de terminar su desarrollo, se extiende en ideas absolutamente desconectadas del planteamiento inicial. ¡Qué pena! Desperdiciar una oportunidad de aclarar ideas y creencias equivocadas -de muchos- acerca de los homosexuales

R: Jeraldhine CG:

Julio 15, 2016

Es una opinión, ¿Cierto? A mi humilde parecer, cuando alguien hace una crítica, también debería de plantear ciertas pautas, soluciones, consejos o como se le quiera llamar, para que posteriormente los errores puedan ser subsanados. Si quieres ayudar al titular de este espacio, puedes empezar por eso.

GUERRILLA MUSICAL CARAQUEÑA

Junio 17, 2014

Típico, caminas por las calles de la ciudad y escuchas una salsita. Se dañó el ascensor de tu edificio y mientras subes las escaleras escuchas unas bachatas o vallenatos provenientes de los apartamentos de tus vecinos. O, ¿por qué no? Escuchas un rock que te gusta y te sientas un rato en las escaleras a disfrutar. Todo depende de tus gustos.

A esto nos hemos acostumbrado en Caracas: a rivalizar con tu vecino con música.

¿De qué manera? Hay varios requisitos.

Para participar en esta pelea nacional, no oficial, debes evaluar la zona donde vives, estudiarla, analizar qué tipo de personas te rodea, quiénes son tus vecinos y su nivel cultural. Por supuesto, nadie hace esto, al menos no de manera consciente. Lo que sí se hace es colocar la música fuerte, tan fuerte como te sea posible. Si vives en un piso quince en Catia, y tu música se escucha en la acera de la calle, has logrado tu objetivo.

Cuando recibes muchas quejas, es porque tu música no gusta a tus vecinos. Si no recibes ninguna, es porque la que está tendiendo la ropa en la ventana del apartamento de al lado, se está alegrando el día con tu bochinche.

En Caracas estas guerras suelen tener su género y ocasión:

Vallenato: hay cerveza, dominó o están barriendo la casa.

Salsa: hay una rumbita popular de la *old school* caraqueña que le encanta hacer parrilla.

Reggaetón: los chamos armaron la fiesta.

Rock: hay un come gato molesto en su cuarto.

Techno: hay una rumbita bien calidá' por ahí.

Pop: mariquitos sifrinitos.

Música cristiana: es domingo y, si no lo es, te quieren joder el día.

Gritos en una lengua extraña: ya viene la música cristiana.

Chaca-Chaca: hay una lavadora vieja o están tirando.

Entre otros, porque la lista es larga y en cada zona esto varía, todo depende de tu perspectiva… ¡Espera! Son las doce de la madrugada y, mientras escribo esto, en el piso de abajo acaban de poner a Popi el payaso, ¡esta es nueva! ¿Tú qué aportas en esta guerra?

Pablo Josué

Marzo 10, 2016

Igual usas audífonos y se acabó. Solo digo.

¿SABES LO QUE HAY EN LOS BARRIOS DE CARACAS?

Junio 24, 2014

Todos los días ves a los barrios desde la autopista, las aceras y prácticamente cualquier sitio de la ciudad. Lugares que a simple vista parecen las favelas brasileñas, pero en Caracas. Estos lugares, desde la visión del que vive en la zona de concreto, son la cuna de delincuentes, marginales y escorias de la ciudad. Pero, ¿qué hay realmente en ellos? ¿Hay algo más? No cabe dudas de que hay algo más que no alcanzamos a ver desde aquí abajo. Soy de los que aplaude al cine venezolano, pero una de las cosas que también critico de él es que las películas que intentan retratar la realidad caótica del país son una producción en masa de cómo nace el malandro y cómo es parte de la cotidianidad. Siendo el malandro, por antonomasia, la figura del barrio.

Yo subo semanalmente a la comunidad de Antímano, en el Oeste de la ciudad. El barrio que, según las encuestas electorales, tiene el mayor índice de población chavista y es uno de los más grandes de Caracas. Cada martes y jueves doy clases en la escuela "17 de diciembre", donde recibo niños escolarizados desde el primer grado, hasta el sexto de educación básica.

La primera vez que subí a dar clase tuve mis prejuicios. Pensé que sería difícil educar a estos niños porque el contexto no les permitiría pensar como los de abajo. Error. Fue mi primera cachetada. Muchos de los niños a los que les doy clase son sumamente inteligentes, tanto que cada día aprendo cosas nuevas de ellos, y no me refiero a lecciones de vida como se suele comentar, sino a aprendizajes académicos, cosas que había olvidado de mi educación inicial, y que, gracias a ellos, he podido refrescar, y hasta entender mejor.

Estos niños a los que les doy clase tienen muchas historias que contar, pero que solo te enteras de ellas sin querer, o a través de comentarios inocentes que se escapan de vez en cuando.

Una vez, una niña que peco de tenerla como favorita, estuvo discutiendo conmigo porque le llamé la atención. La niña siempre ha sido demasiado bochinchera, difícilmente hacía caso y, a veces, no quería prestar atención a lo que le explicaba. Esto, más de una vez, colmó la paciencia que poco a poco fui mejorando. Yo le pregunto esa vez el por qué no estaba en cuarto grado.

–Porque tuve a mi mamá enferma.

–Yo también tengo a la mía enferma– le dije.

–Pero la mía estaba enferma de cáncer.

–La mía también lo está, ¿mejoró?– quise tener esperanzas.

–Mi mami ya está con Dios.

Me puse frío. Ayudé a esa niña lo más que pude, traté de que aprendiese todas las tablas de multiplicar, de que leyese mejor, de que investigara muchas cosas, ¿cómo? Con paciencia y cariño. No estudio educación, ni pienso dedicarme a la docencia, pero aprendí que enseñar es un acto de amor hacia tus alumnos. Enseñar es destruir los prejuicios y trabajar por eliminarlos, por ayudar a tu alumno a ser la mejor persona que tus capacidades te permiten. Días después, le cuento a mi mamá sobre los niños y, en especial, sobre esa niña. Mi mamá no pudo evitar llorar y me mandó a decirle a todos que les manda un abrazo muy grande, que quiere que estudien mucho porque es lo que los convertirá en personas productivas para el país, libres de la ignorancia. Lo hice, se lo dije a los niños. Pocos meses después, mi mamá empeoró y, como dijo esa niña: "mi mami ya está con Dios".

No soy fanático religioso, como mis otras entradas lo demuestran, pero es lindo pensarlo, es poético.

Así como esa niña perdió a su madre, otros niños han perdido su hogar, y otros más han perdido hasta toda su familia y deben mantenerse trabajando siendo menores de edad. Aun así, estudian. Hay ganas de aprender.

Cierto es que el problema de la educación en Venezuela va más allá, de hecho, es uno de los temas más complejos de nuestra nación pero, mientras el educador haga su mejor esfuerzo por hacer crecer la educación, se estará construyendo un país de ciudadanos pensantes que serán capaces de reconstruir las piedras que en los últimos años de historia y política han venido cayendo al suelo de concreto de un país petrolero.

En los barrios de Caracas aún hay esperanza.

Comentarios:

José Luis Roca

Junio 30, 2014

Excelente reflexión. Creo que si todos los que habitamos esta ciudad (y el país en general) nos dedicáramos tan solo unos minutos a mirar más allá de lo que nos rodea, comprenderíamos muchas cosas y obraríamos de forma distinta, contribuyendo bastante al avance de Venezuela en todos los sentidos… ¡Gracias por compartir esta entrada!

R: Iván Francisco Avendaño Paredes

Julio 11, 2014

José, diste en el clavo. La palabra clave en todo este universo de problemas que tenemos es "comprender".

José Gabriel

Enero 20, 2015

Nací y crecí en lo que se puede llamar el barrio más peligroso de Los Teques, capital del Estado Miranda. Vi chamos morir antes de cumplir los 15; chamas de 12 años con chamitos en brazos; donde estudiar te hacía quedar como el nerd o el sifrinito del barrio. Pero también vi gente muy humilde, trabajadora, honrada, educada, decente, FELIZ. Donde el 1er autobús pasaba a las 4 am, y a esa hora ya había gente en las paradas, esperando bajo un frío de hasta a veces 12 °C para ir a su trabajo y llegar temprano evitando así las colas en la

Panamericana.

Uno realmente se deja llevar por las apariencias pero en esos barrios existe la mayor cantidad de buenas personas, las que hacen que este país salga adelante; donde los chamos que realmente quieren salir de allí le echan todo el pichón, como decimos coloquialmente, a los estudios para que su futuro y el de sus hijos sea fuera de los muros de ladrillos que alguna vez lo mantuvieron allí dentro. Gracias a Dios tuve la dicha de tener padres trabajadores, que me enseñaron que con el esfuerzo de los estudios y el trabajo, la constancia y la humildad podemos salir de allí victoriosos. Ahora vivo en una urbanización en Cagua, donde supuestamente todo el mundo es profesional, estudiado y de buena familia, ¿y saben qué me quedo esperando?

La simple respuesta a un: BUENOS DÍAS, VECINO.

Al-branius

Junio 22, 2015

El barrio como organización socio-demográfica debe ser destruido y nadie debería sentirse mal por ello, las colinas de Caracas deberían ser como las zonas montañosas de Italia y similares, estamos hablando de la capital del país en donde solo debería existir gente proactiva y con mentalidad capitalista, si no se hace, nunca habrá paz en esa y las otras ciudades de Venezuela.

Víctor

Abril 7, 2017

Muy bueno el artículo… Qué buena frase (es poético)… Excelente.

¿PA' QUÉ TE VAS A PASAR TRABAJO FUERA DE VENEZUELA?

Julio 10, 2014

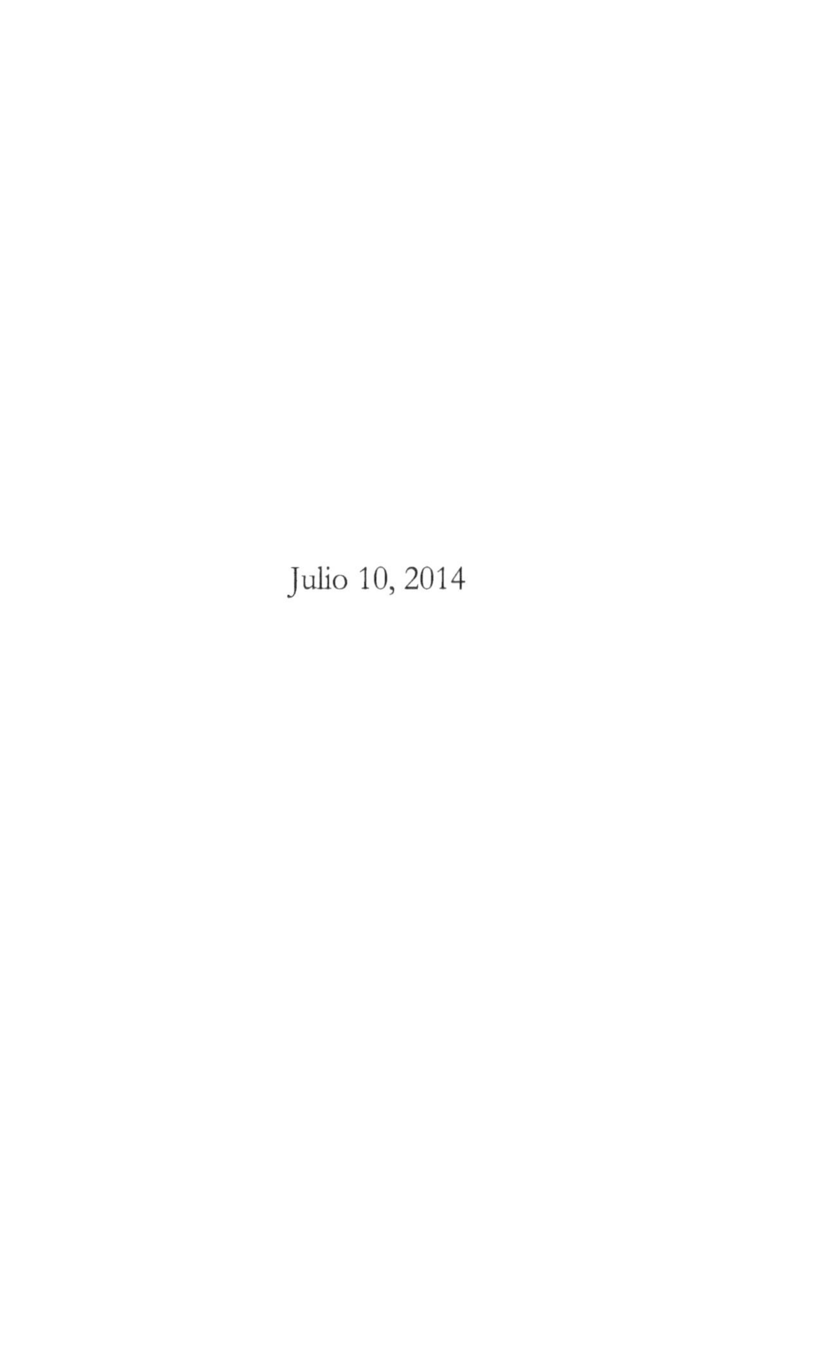

Una amiga me dijo un día que no hay nada más sabroso que vivir en tu propio país, con tu gente, tu familia, amigos, la comida que te gusta, esas arepitas con las que creciste, los paisajes, el clima, tu idioma y, sobre todo, porque no tendrás problemas legales y no será necesario andar encima con un incómodo pasaporte.

Yo opino que ya la década de los noventa terminó.

Pienso que todos podemos refutar eso, o algunos estarán de acuerdo con ella, pero su forma de pensar cambió cuando punto por punto opiné sobre su intervención. Siempre he pensado que se debe eliminar la creencia de que tu país es solo un territorio.

Venezuela no es solo un espacio geográfico al norte de la América del Sur, sino lo que construiste y viviste en él. En este país yo he hecho mis amigos, tengo a mi familia, pero si me voy de él, también los tendré. A veces, cuando nos reunimos para socializar estamos más pendientes del que habla con nosotros por el teléfono que de los que nos rodean, y no encuentro mayor diferencia entre eso y realizar una video llamada por Skype. Hoy, ni siquiera necesito Skype, WhatsApp es tan práctico que me mantiene tan comunicado con todo el mundo, que a veces molesta.

Si mi gente me va a visitar será siempre bienvenida, si me consigo a un venezolano en el extranjero veré un pedacito de mi país. No es el territorio, es la esencia. Sin embargo, soy de los que prefiere ver a Venezuela como un grupo reducido de personas a las que quiero (familia, amigos), que a cualquiera con un pasaporte venezolano o europeo pero que nació en territorio criollo. La familia y los amigos, si de verdad te quieren, nunca te van a abandonar, así estés en Nueva Zelanda.

La comida típica venezolana ya es tan popular en el mundo con tanto inmigrante que hasta en los supermercados del exterior puedes comprarte tu paquetico de harina pan para que te prepares tus arepas en casa, sin cola, y cuando quieras. Si comes Shawarma en Caracas, no será difícil comer arepas en Toronto.

Decir que no te quieres ir de Venezuela por los paisajes, siempre me ha parecido ridículo. Ciertamente tenemos paisajes y recursos espectaculares, pero no somos los únicos, el mundo es muy grande y nos falta viajar. No seamos tan ridículamente soberbios, que por eso seguimos en crisis.

Si he soportado la muerte de seres queridos y de amigos por parte del hampa, puedo soportar el frío de un país nórdico, así que el clima no parece mayor problema.

Pero aprender un idioma parece el reto de todo el que quiere salir del país, sobre todo se ha convertido un problema para la población mayor. A esta persona con miedo, le digo: Atrévete. Aprender un nuevo idioma no es malo y aprenderás a ver al mundo desde otra perspectiva.

Y, con respecto al último punto, me parece que es la cosa más risible. Yo prefiero andar encima con un pasaporte, hacer muchos trámites para estar legal, y andar con esa "carga" burocrática, que bajar a la panadería a cualquier hora y no saber si regresaré vivo.

Irse del país, puede ser un buen cambio para los que no son nostálgicos, y para los que lo son, también.

Si me toca pasar trabajo afuera, prefiero pasarlo vivo que muerto.

<u>**Comentarios:**</u>

Jcluna

Octubre 20, 2014

Yo siempre dije que los primeros en abandonar el barco son las ratas, pero cuando te matan un familiar para quitarle el carro, cuando se te muere un pariente tratando de que lo admitan en un hospital, cuando te secuestran un amigo, cuando el gobierno te arresta un vecino por protestar. Estos son casos particulares que me han pasado a mí y no quiero que maten un hijo mío por robarle una bicicleta, creo que antes que pase eso hay que pensar en que si tienes la oportunidad de irte y hacer una vida con una mejor calidad pues, sería muy egoísta de no hacerlo.

Zelia Colmenarez

Octubre 26, 2014

Váyanse pal carajo…hace falta el que se queda luchando y haciendo grande a mi país. ¿Hasta cuándo esa estúpida matriz de que aquí se sobrevive?… Se sobrevive en EEUU siendo un latino y considerado ciudadano de cuarta…se sobrevive teniendo que tener hasta 3 empleos para comer y pagar tus deudas…no me jodan bolsas…Nada en el mundo se puede comparar a Venezuela. Y el que crea lo contrario LÁRGUESE.

R: Daniel

Enero 14, 2015

Te puedes quedar con tu tercer mundo, tu ignorancia, tu racismo y tu xenofobia, la calidad de vida que ofrece Venezuela es pésima. La gente siempre ha emigrado, es normal buscar algo mejor.

R: Salvador

Enero 14, 2015

¿Estúpida matriz? ¿Y cómo se supone que se llama el hecho de que no hay alimentos BÁSICOS ni repuestos para vehículos o motos? ¿Cómo se supone que se llama el hecho de llegar a una clínica por no mencionar un hospital y que las personas mueran por falta de atención y medicamentos BÁSICOS? ¿Y las colas para comprar baterías donde además aprovecha el hampa para robar mientras estás allí desde las 5 am? ¿Y cuando matan por que sí a un amigo, conocido o familiar? ¿Y cómo llamas el hecho de hacer un balance de cuánto tú ganas y cuánto gastas? ¿Eso es o no sobrevivir? ¿Será que tú ya te largaste de aquí y nos estás hablando de otra realidad? Sería bueno que si no te has ido, lo hagas. Todos trabajamos para tener una vida óptima y con calidad, se nota que no conoces dichos términos.

Alejandro

Mayo 12, 2015

¿Que en este país no se ha luchado? ¿Cuántas marchas, cuántas convocatorias? ¿Cuántas concentraciones? ¿Cuántas protestas? Un Pueblo desarmado contra un régimen Militarista empeñado en permanecer en el poder a cualquier precio… Ya ha quedado demostrado ¡EL VENEZOLANO consciente LUCHÓ! Y LUCHÓ DE MÁS. Se trató de despertar a las personas que se seguían conformando con una bolsita de Mercal sin darse cuenta de que nuestro país les ofrecía más que esas migajas. ¿Que me digan a mí que el venezolano no luchó? ¡LUCHÓ y LUCHÓ DEMÁS! Que le recriminen a los venezolanos que decidieron irse buscando una mejor vida me parece algo ESTÚPIDO, ¿O no vivieron aquí los 16 años de desgobierno? Aquí se luchó y mucho venezolano no despertó..

RedPeople

Mayo 14, 2015

Compa, entiendo tu inseguridad pero yo me fui sin saber papa de inglés, sin una carrera y no me fui para USA donde en ciertas ciudades se habla más español que inglés, me fui para Reino Unido, tengo acá 6 meses y el primer mes conseguí trabajo en una panadería. No es fácil pero como dicen en el post: es más difícil quedarse y no saber si vas a volver a tu casa. Uno de los pocos buenos recuerdos que tengo de mi infancia fue salir en bicicleta con mis amigos y recorrer Maracaibo completo y no concibo prohibir a mis hijos de hacer eso solo por inseguridad, yo sinceramente prefiero disfrutar lo que me resta de vida que estar peleando por un muerto, por que desde mi punto de vista a Venezuela la mataron hace rato y discúlpenme.

Sarutobi

Marzo 10, 2016

En mi opinión, ¡lo mejor que puedes hacer si eres aún joven 20/30 es pirarte pal coño!, Tendrás mucho por conocer y monetariamente te beneficias, ¡Venezuela está en quiebra! Ayudas más desde otro país que aquí, la gente se está muriendo en hospitales por falta de insumos, ¡por Dios! Si a alguien le da algo que necesite un medicamento raro, se muere, así de sencillo. Si yo estoy fuera al menos mando vainas para acá. ¿Aprender a hablar el idioma? Ajá, ¿no existe Ecuador, Panamá, otros países? Quien no se quiere ir es porque tiene algo que lo ate aquí: estudios, familia, relaciones o ya tiene un futuro asegurado, del resto nada, yo teniendo 21 sé que en mi querida Venezuela no tengo futuro, tengo que buscarlo por otro lado y regresar cuando la vaina se acomode a los 40 años, por allí con mi esposa e hijos, a enseñarles la tierra donde nací.

Mari

Abril 6, 2016

¡Definitivamente a muchos que aquí han escrito como que los parieron en el mundo y después los llevaron a Venezuela! La aventura de explorar y conocer países que no conocemos nos envuelve a tal punto que no sentimos casi el despegue de nuestra tierra pero eso dura un tiempo y cuando te has cansado de viajar , conocer explorar y más profundizas en la forma de vivir de otras culturas y esos nuevos lugares, después de 19 largos años con logros incluidos, triunfos personales y profesionales incluidos, después de una familia formada, hijos en universidades, etc. Te das cuenta que lo que más quisieras en esta vida es poder haber logrado todo cuanto enumero en la tierra más hermosa de este planeta tierra, porque es nuestra Venezuela la más bella (y no quiero ni discutirlo con quien apenas tiene una ilusión por irse de ella o tiene uno o seis tristes añitos fuera) con la gente más linda, amable y gentil que en el mundo has conocido, ¡y que solo pido a Dios me bendiga con poder morir en ella!

R: Gloriaehc

Marzo 18, 2017

Te entiendo profundamente Mary y siento tu tristeza. Pero esa Venezuela que añoras, de gente hermosa, amable y gentil, no está allí esperándote. Sólo hay gente hermosa sí, pero asustada, deprimida, azorada, disgustada, enferma, de tanta necesidad y de tanta calamidad. Esa Venezuela en la que quieres morir está en tus recuerdos y tal vez en tus allegados pero ya ni en tus vecinos. ¿Volverá? Eso quiero creer, en unos largos años tal vez, pero mientras tanto cada quien tiene el derecho y el deber de luchar su felicidad y la paz de su familia EN y DONDE su corazón se lo pida. Es mi opinión.

ME ROBARON, ¿Y AHORA QUÉ?

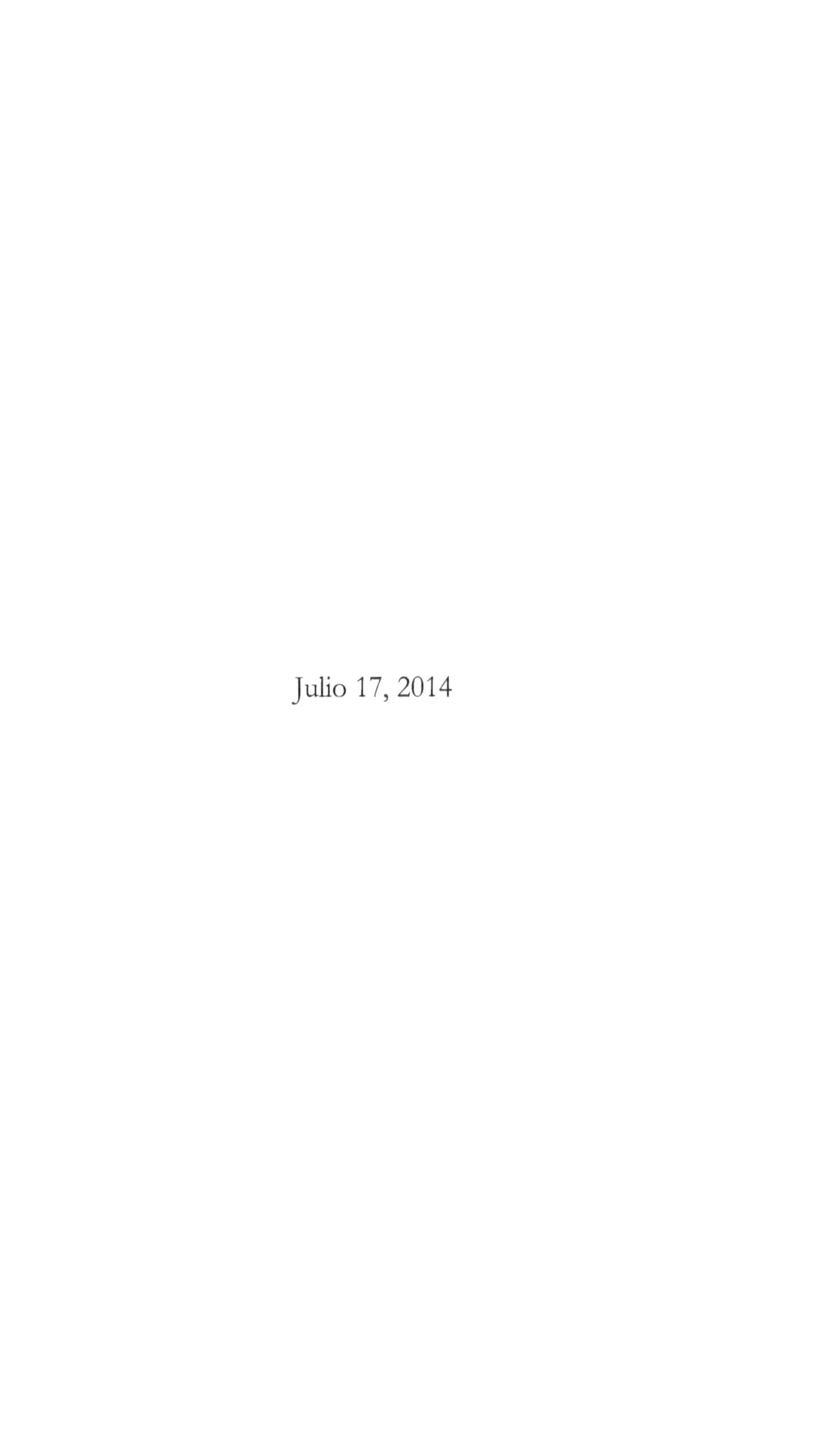

Julio 17, 2014

Solía caminar el bulevar de Sabana Grande a cualquier hora. Una de mis rutinas favoritas era salir a eso de las diez de la noche a hacer ejercicio en las barras que están entre la estación de metro de Sabana Grande y Chacaíto, justo donde se baja hacia unas letras de PDVSA que sirven como un parque para los niños. Siempre fui alguien poco paranoico con el tema de la inseguridad porque nunca me habían robado, más allá de un hurto.

A pesar de ello, el temor por sacar tu celular siempre está presente, así que me cuidaba de no hacerlo. Sin embargo, un día, después de salir de cenar del centro comercial El Recreo con una prima a las 8:50pm, decido irme caminando (solo) hasta la estación de Plaza Venezuela, como era habitual. Pero al pasar frente a la sede del 171 (Emergencias), me jalan la camisa a la altura del hombro. A mi cabeza llegaron dos cosas: es un conocido haciéndome una broma o un malandro.

Al voltear tengo una pistola apuntándome. Decido arriesgarme e ignorarlo, caminar más rápido y tratar de llegar a la puerta del 171, pero en mi intento los delincuentes me patean los pies y caigo al piso. En ese momento me doy cuenta de que son cinco malandritos, ninguno sería mayor de edad. Me puse de pie y traté de defenderme. Tuve unos segundos de pelea contra ellos, pero me comenzaron a dar en la cabeza con la cacha de la pistola y empecé a gritar pidiendo ayuda.

Lo peor es que estaba todo iluminado y la gente rodeaba mi paliza sin hacer nada, solo veían cómo todo mi cuerpo se llenaba de sangre. Al ver que yo no desmayaba, a pesar de la pérdida de sangre, uno de los delincuentes le grita al otro: "¡Ya, dale el tiro! ¡No le pares!". Yo hice lo que han hecho muchos venezolanos en esta situación: suplicar, rogar que se llevaran todas mis cosas y me dejaran en paz. Por suerte, mis súplicas fueron escuchadas. Vaciaron mis bolsillos, se llevaron mi teléfono y mi billetera con toda la documentación, no tocaron mis llaves.

De inmediato me puse a buscar mis lentes en el piso, estaban llenos de sangre y doblados. Me puse de pie mirando a mis espectadores con rabia. Nadie ayudó, ni buscó a un policía. En ese momento reaccioné y me di cuenta de que estaba frente a la sede del 171, me acerqué, y el guardia de seguridad al verme cerró la puerta en mi cara. Comencé a tocar la puerta pidiendo ayuda, reclamando que ellos habían visto todo. No recibí respuesta. Una señora se acercó a mí y llamó a los bomberos, quienes me llevaron hasta mi casa.

Al día siguiente, después de limpiar las heridas fui hasta la sede del 171 para reclamar, y me dijeron que ellos cerraban a las 9 y cuando me acerqué a la puerta ya habían cumplido horario y que, además, debían velar por su propia seguridad.

No faltaron los típicos comentarios entre conocidos de "¿qué hacías por ahí a esa hora? ¿Por qué andabas con un teléfono tan caro?". Estaba comiendo, quería bajar la comida caminando y el teléfono cumple mis expectativas para los estudios y el entretenimiento. ¿Es malo querer salir a cenar una noche con tu prima? ¿Es malo querer disfrutar tu ciudad? ¿Es malo ahorrar para tus estudios y entretenimiento?

Como ciudadanos deberíamos tener derecho a vivir nuestras ciudades, a complementar tus estudios con cualquier herramienta, a recrearnos, a tener salud, seguridad y, sobre todo, a tener derecho a la vida. Este episodio es uno más que demuestra la falta de garantías que se tiene en este país, ya que no contamos con una fuerza policial que proteja al civil. Afortunadamente, no me tocó morir ese día y solo se llevaron mis cosas, que han sido difíciles de recuperar porque no hay ni material para un carné de conducir.

Mi suerte no es la de todos, de hecho, fue una rareza. Días después me entero que un amigo había muerto hacía un año. Con razón, más nunca supe de él y misteriosamente había desaparecido de mi Facebook. Su caso fue similar al mío pero a las dos de la tarde y en Anzoátegui. Solo que él no corrió con suerte y lamentablemente lo mataron. Cosa que me da impotencia cada vez que lo recuerdo. A partir de ese momento, abrí mis ojos, dejé de estar tan alienado y dejé de ignorar la cantidad de muertos en mi país. Para mí no eran estadísticas, eran vidas. Y aunque tenía consciencia de ello antes, cuando te pasa a ti es imposible no conmoverse.

¿Qué hacer ante estas situaciones que se escapan de nuestras manos? Como manifesté en mi artículo anterior, del cual agradezco la participación de una gran cantidad de personas, no tengo miedo de irme. Pero tampoco pienso que sea una solución, y esto quiero aclararlo en respuesta a muchos comentarios que recibí. Sí considero que la idea de nación es romántica, pero las personas de esta nación son tangibles, son vidas. Si piensas irte, no lo hagas sin antes dejar tu huella en el país. Si piensas quedarte, trabaja por él.

¿Cómo dejamos nuestra huella? Una de las cosas que más me ha fascinado es hacer voluntariado.

En otro de mis artículos sobre los barrios de Caracas cuento mi experiencia en este oficio, trabajando por la educación del país en una zona necesitada. Estamos conscientes de que transformar nuestra generación es difícil, pero podemos trabajar por educar una nueva generación de venezolanos que serán, así como nosotros, parte del cambio, y que vivirán mejor. Hay muchas universidades y ONG que buscan voluntarios para ofrecer educación en zonas populares y hasta construyen viviendas a quienes la necesitan. Por fortuna, he participado en ambas actividades y me he sentido bien haciéndolo.

No voy a eximir a los políticos de su responsabilidad, pero nosotros también podemos trabajar por una mejora, por el futuro que son los niños y la juventud.

No llevaría mi bandera en alto en una marcha o en el extranjero, sin haber colaborado con la educación y/o la salud del país.

Gabriel Gómez

Julio 19, 2014

Es triste ver todo esto, a mí me robó un señor mayor que se aprovechó de su condición de tercera edad para ello, y toda esta situación ha hecho que la gente pierda esa "esencia" que tenía el venezolano, esa sonrisa, esa idea de ayudar al que está a su lado, pero para muchos políticos no somos vidas, solamente somos parte de un resultado electoral y parte de un informe estadístico, es un final triste para un país tan hermoso como lo es Venezuela.

Richar

Agosto 26, 2014

Todo lo que tú dices es razonable y verdad, pero en un país como el nuestro en donde la inseguridad es el imperio de la impunidad, tú no puedes darte ese privilegio. Desgraciadamente esta es la realidad.

María de Rodríguez

Octubre 22, 2014

Excelente su artículo, sobre el mismo y refiriéndome al último párrafo le diré que pienso igual que usted. Hay que colaborar en orientar a niños y adolescentes, a nuestra juventud a ser buenos ciudadanos. Pienso que hay que enseñar a pescar, no regalarles el pez. Hoy veo todo fácil, todo es regalado. A mí me enseñaron que se debía trabajar para obtener lo que se quería.

UN TURISTA PERUANO EN VENEZUELA

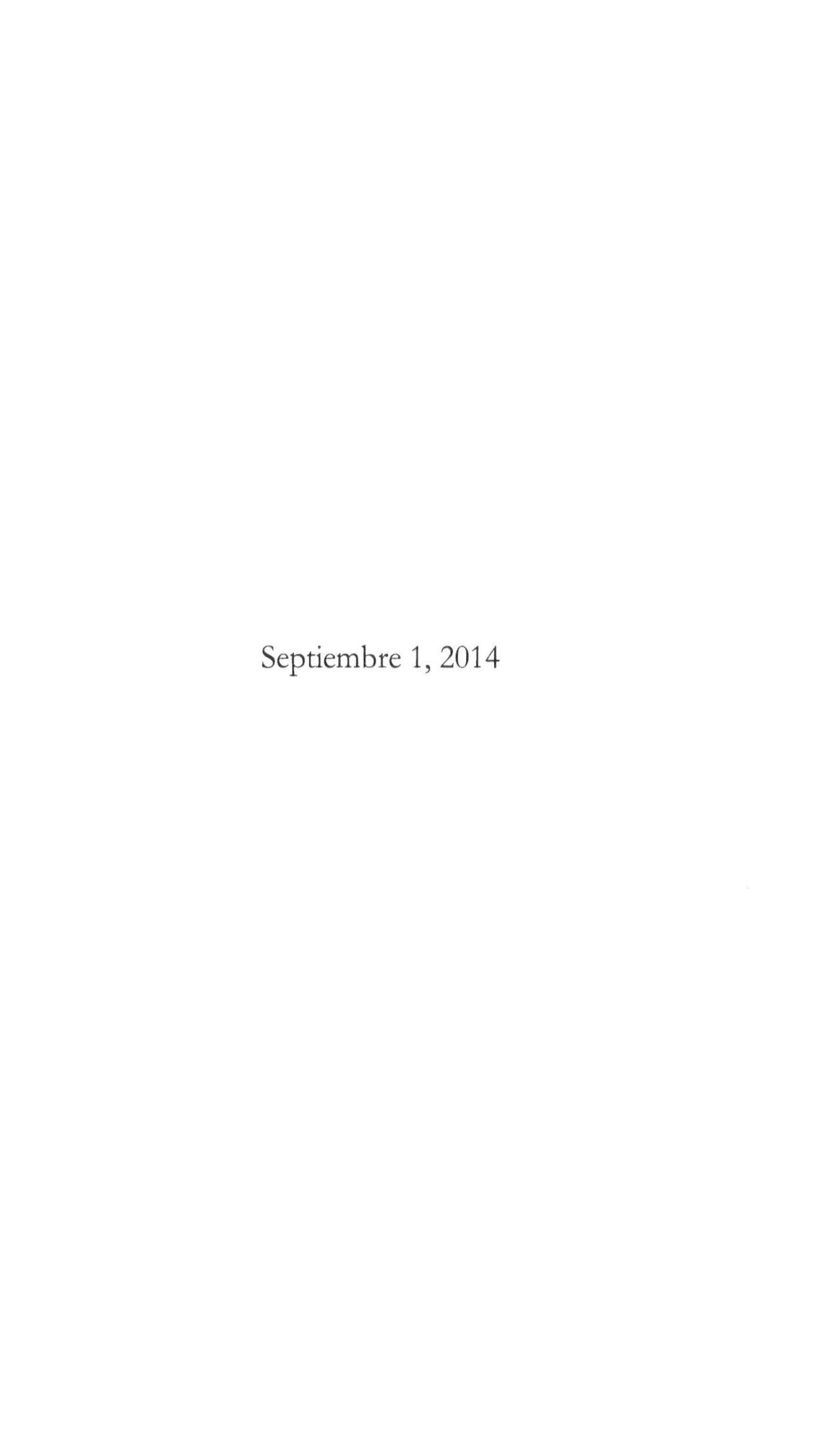

Septiembre 1, 2014

Por la rareza del turismo extranjero en Venezuela me extrañó cuando a finales de julio del presente año recibí en mi cuenta de CouchSurfing una solicitud de ayuda para un viajero peruano de 27 años. Para los que desconocen de qué se trata CouchSurfing, les cuento que es un sitio web donde te creas un perfil con tus datos e intereses, además de fotos, con la finalidad de hacer un intercambio cultural en donde puedes ofrecer hospedaje a un viajero que visite tu país o buscar hospedaje en el país que piensas viajar, todo de manera gratuita, la idea es tener contacto con otra cultura.

El chico me cuenta que le gusta mucho escribir, y que, sobre todo, le gusta escribir sobre sus viajes. En su extensa lista de países visitados faltaba Venezuela, y consideraba que ya era hora de emprender el viaje, además, tenía a un amigo venezolano residenciado en Barcelona-Anzoátegui que había conocido en Lima hacía un año. Aprovechando la aventura de viajar a Venezuela, visitaría a su amigo.

Llegó un jueves a Maiquetía y yo lo fui a recoger. Hubo un pequeño retraso que no fue nada grave en comparación a lo que se vive comúnmente en el aeropuerto costero, pero fue un indicio de que su estancia en Venezuela comenzaba a ser completa.

Cuando llegamos a Caracas lo ayudé a conseguir hospedaje, era 24 de julio y el día feriado tenía a los hoteles llenos, motivo por el cual tuvimos que solicitar una habitación triple (sobraban camas, pero era lo que había) en un hotel de Plaza Venezuela, de esos que popularmente se les conoce como un matadero de la calle de los hoteles. Lo ayudé a dejar las maletas y salimos a comer unas cachapas en un reconocido restaurante de comida criolla en Altamira.

Caminamos desde Plaza Venezuela hasta Altamira, comenzó a gustarle la ciudad y confesó que se la imaginaba menos grande, urbana y moderna. Fue una grata sorpresa. Paseamos un rato por el Sambil y se sorprendió de lo grande que era, pero aún no reparaba en que muchas tiendas estaban cerradas y sin mercancía. Llegamos a la Plaza Francia y allí conseguimos un hotel con reservación para la noche siguiente, esto contentó al chico porque la zona era, evidentemente, más bonita y "segura". Esperaba recibir allí a su amigo de Anzoátegui la noche del domingo para ir a Oriente al siguiente día y luego saltar a la isla Margarita.

Esa misma noche, cuando regresamos al hotel (lo acompañé esa noche) le presté mi celular para que le escribiese a su amigo avisando que había llegado bien. Utilizó mi teléfono ya que en el hotel no había Wi-Fi. Al día siguiente mi celular vibra y recibo respuesta de ese número, lo que leo me dejó en una pieza, fue escalofriante leer que quien me respondía era el padre del muchacho de Anzoátegui diciéndome que a su hijo recién lo habían matado para robarle el bolso.

No lo podía creer, dudaba de la veracidad de ese mensaje y lo leí varias veces hasta comprobar que era eso lo que realmente estaba escrito. Lo complicado ahora sería decírselo al peruano, le supliqué calma antes de mostrarle el mensaje con el cual reventó a llorar después de su lectura.

Seguía con mis dudas y busqué al muchacho de Anzoátegui en Facebook para saber si teníamos algún amigo en común. Era uno de esos perfiles de Facebook casi fantasmas, con dos fotos de perfil y uno que otro enlace compartido, pero por fortuna teníamos a una amiga (también de Anzoátegui) en común.

De inmediato la llamé, le pregunté por el chico y me confirmó lo de su muerte, le conté lo que estaba pasando, y que, indirectamente, ahora yo tenía una carga.

Mi paranoia de disparó y mi prioridad era proteger al peruano. El chico era consolable y pude seguir mostrándole la ciudad el resto del día, aunque toda actividad se sentía forzada con los ánimos que teníamos.

Me dijo que de todas formas quería ir a Barcelona-Anzoátegui como estaba planeado, y luego ir a Margarita. Yo tengo casa en Barcelona, así que le ofrecí hospedaje allá y me pidió que lo acompañase también a Margarita, por lo que me brindó el boleto de ferri y el hospedaje. Partiríamos el domingo a Barcelona y el lunes a Margarita.

Aún era viernes y todavía en nuestra cabeza se repetía el mensaje de texto que habíamos recibido esa mañana.

Fuimos al Ávila en teleférico y la vista le encantó, me comentaba que Caracas sería una bella ciudad si fuese más segura y limpia. Siempre he pensado lo mismo y, agregaría, más iluminada. A lo lejos se ve el estadio de béisbol de la

UCV y me pregunta qué es eso. Le contesto que un estadio de béisbol. "¡Caray! ¿Béisbol? ¿Ustedes juegan béisbol?", le respondo que es el deporte nacional y se sorprende con la fuerte influencia norteamericana que hay en el país, ya que notó que en vez de decir "lleno", decimos "full", y que muchas tiendas en vez que poner sus nombres en español los tienen en inglés o con ciertos anglicismos, por ejemplo, todas aquellas que llevan una "s" apostrofada "'s" al final del nombre.

Esa noche yo tenía una invitación para un cumpleaños, me llevé al peruano e hizo amistades. En esas me suelta un comentario: "Maduro no sabe que ustedes están aquí, ¿verdad?". Muchos de mis amigos no captaron la profundidad de su pregunta. Mi amigo peruano pensaba que Venezuela era como Siria, que aquí no podría transitar por las calles porque le caería una bomba, que las tiendas nunca abrían sino para comprar únicamente alimentos y en horarios restringidos, que no había fiestas. Le faltó pensar que no había Internet. Soy de los que dice que Venezuela es así, pero su visión era la de una realidad literal que aún no existe, aunque lamentablemente está comenzando a existir.

Esa fiesta para él fue un rato de paz entre tanta paranoia que lo hice pasar ese día en la calle, y hasta le dio la sensación de que se trataba de algo clandestino de lo cual el presidente no tenía conocimiento.

El día domingo llegamos a Barcelona e inmediatamente fuimos al cementerio a buscar a su amigo, tumba por tumba hasta dar con la que buscábamos. Allí estaba, con muchas flores. Aproveché y le llevé flores a mi mamá.

Cuando me tocó echar gasolina me dio 200 bolívares y yo me río, "¿Necesita más?" me pregunta. Cuando ve que lleno el tanque de una Grand Cherokee con 4 bolívares casi se desmaya.

Esa noche fuimos a visitar a mi amiga, la que conocía al muchacho que mataron, y allí, en un intercambio de palabras y fotos, se comprueba que, en efecto, se trataba de la misma persona y no cabía dudas de que el amigo que vino a visitar a Venezuela, había sido asesinado por el hampa común. ¿Detalles del hecho? Fue saliendo de su casa a las 7 de la mañana para hacer ejercicio y, cuando le piden el bolso, intentó correr y le dieron dos tiros. Los asesinos huyeron y no se llevaron nada. El joven fue trasladado hasta una clínica privada cercana donde perdió la vida.

Al día siguiente fuimos a Margarita. Tuvimos un inconveniente con el SAIME (Servicio Administrativo de Identificación, Migración y Extranjería) antes de abordar el ferri porque mi amigo no llevaba consigo su pasaporte sino su DNI que, en teoría, por ser parte de Mercosur, era lo único que necesitaba. Sin embargo, faltaba su carta de migración, que había dejado en mi casa junto con su pasaporte, esto nos trajo problemas, aun así, después de tanto "jalar bola", nos dejaron pasar y, a pesar de que fue un alivio porque no perdimos el viaje, no era lo correcto dejarnos pasar rompiendo las leyes de migración.

En Margarita no vimos gran cosa. Porlamar es una ciudad que está muy abandonada, que la inseguridad se siente, y que lo único bonito que sigue habiendo son las playas. Fue un viaje de volada que disfruté porque necesitaba unas mini vacaciones, pero fue una desagradable sorpresa encontrarme con una isla que no es la sombra de aquella que visité por última vez en 2007. Además, nos encontramos con una cola kilométrica en la Av. 4 de mayo para hacer mercado en Rattan.

Hubo algo que a mi amigo le encantó, y es precisamente eso lo que critico a Venezuela: su gente. Cierto, somos responsables de cómo está el país, Venezuela no es un territorio sino una sociedad que vive en un territorio, pero una sociedad confianzuda desde mi punto de vista y amigable desde el de mi amigo. "¿Con todo el pepito, pana?" "Amigo, ¿me regalas un mensajito?", esos vocativos donde se llama a un desconocido como "pana" hizo que se sintiese en casa y con "amigos" sin siquiera saber el nombre del otro. Este turista peruano, que es ahora un nuevo amigo, se fue el jueves de esa misma semana a Lima, ciudad que conozco y que me brindó una hospitalidad espectacular. Su impresión de Caracas como ciudad grande no fue porque Lima no lo fuese, sino porque esperaba menos y, para los que no han visitado Lima se llevarán una sorpresa al ver que es una ciudad con un crecimiento rápido en los últimos años y que tiene mucha inversión extranjera y turismo.

Mi amigo prometió volver a Venezuela porque, a pesar de encontrarse con una tumba y no con un abrazo, conoció nueva gente que está dispuesta a mantener una amistad y brindarle más abrazos. Quizás eso que nos hace confianzudos, nos hace ver amables.

<u>**Comentarios:**</u>

Rosi

Septiembre 2, 2014

Fue una cagada la experiencia, realmente. Pobre peruano.

Javo

Octubre 19, 2014

Soy un turista mexicano que tiene yendo a Venezuela desde el 2001, ya que terminé casándome con una venezolana. Desde la primera vez que visité Venezuela en 2001 me pareció un país hermoso, tanto que me dieron ganas de quedarme a vivir, pensé que podría soportar las largas colas que los venezolanos están acostumbrado a hacer por todas partes, pero me empecé a dar cuenta poco a poco de la triste realidad y que me costó comprender: "No salgas de noche a caminar, ya es tarde, no saques dinero en la calle, quítate ese reloj, jamás saques ese teléfono en la calle, cámbiate de acera porque allá están unos malandros, etc." Yo no comprendía por qué las tiendas cerraban temprano, por qué el Centro de Valencia se quedaba solo apenas se ocultaba el sol y por qué no me dejaban andar a pie en la noche, hasta que me llevaron a conocer Isla Margarita y me aseguraron que estaría todo tranquilo por allá, que era la parte más segura de Venezuela y ¡PUM!, me sacan una pistola y me piden la cartera, ignorante todavía de la situación, mi respuesta a la petición del ladrón de "dame tu cartera" fue NO y me lo repitió como 6 veces, mi respuesta siguió siendo NO, a lo que quedó sorprendido y optó por irse, pero después comprendí la estupidez que cometí y todos me regañaron, que no hiciera eso más. Vi la transformación de esa Venezuela bonita en la que me gustaba para quedarme a vivir en 2001 a la Venezuela de hoy en día, a la que no quiero ir, no quiero llevar a mi familia a pasar carencias, batallar por todo, no conseguir leche para los niños, no conseguirles pañales, cuidarte de todos, que se va la luz, que no hay agua, etc. Ya no quiero volver. Es una lástima, espero que vuelva a ser la Venezuela de antes, por lo menos.

Rperez231980

Octubre 23, 2014

Desgraciadamente como esta historia del turista hay muchas, solo que algunos han sido la victima directa del hampa y no como en este caso el amigo que fue a visitar. Creo que el incidente para ir hacia la Isla de Margarita con el guardia que los dejó pasar sin los documentos necesarios se puede resumir a una frase utilizada en un post tuyo: "estamos en Venezuela". Yo por desgracia no soy un buen embajador de la marca Venezuela, me fui con un muy mal sabor de boca de mi ciudad Caracas y realmente en estos momentos no deseo volver, a pesar de que en mis 3 años que llevo fuera no he podido ver a mi madre y mis hermanas. Saludos.

ESTAMOS EN VENEZUELA

Octubre 16, 2014

Con mucha rabia lo digo. Estoy harto de escuchar la bendita frase que utilizan muchos venezolanos para justificar la mediocridad de nuestro país, me refiero a esa que está en el título: "Estamos en Venezuela". La frase es utilizada en casi cualquier contexto donde algo, que debería funcionar, no funciona.

Hace unos días estaba sacando unas copias en un centro comercial de la ciudad, cuando llega un señor comentando que el sistema de estacionamiento es un desastre, que viajó a México y todo era más organizado, utilizaban una mejor tecnología y sistema de seguridad para el parqueo de los vehículos. A esto uno de los empleados respondió: "Estamos en Venezuela".

¿Quiere decir entonces que no debemos avanzar ni quejarnos porque "estamos en Venezuela"? Esta frase es aceptar la derrota y celebrar la mediocridad de nuestra nación, es hundirnos en nuestro propio estiércol.

Recientemente se estrenó una película muy taquillera y la fui a ver acompañado en un centro comercial del interior del país. Conozco muy bien ese cine y sé que la sala donde se realizó el estreno no era la más grande y se estaba desperdiciando un espacio muy aprovechable dado el boom de la película. Lo comenté a mi compañero y me respondió: "Estamos en Venezuela".

La semana pasada estaba manejando en la avenida Intercomunal Barcelona-Puerto la Cruz y se me atravesó un Bus Anzoátegui, esos rojitos que en Caracas son llamados Bus Caracas. Tenía a mi prima de copiloto y hago pública mis quejas de cómo ese transporte público se ha marginado en el Estado Anzoátegui. Argumento: ya dejan pasar a buhoneros (ambulantes), no cierran las puertas con el fin de conseguir más pasajeros y abarrotan los buses sin respetar el orden de las paradas, no encienden el aire acondicionado aunque sí funcione, utilizan un cobrador en vez del sistema de ticket, y en la decoración del parabrisas no pueden faltar las toallitas de los Looney Tunes y los perritos que balancean su cabeza de arriba hacia abajo y de abajo hacia arriba repetidas veces. A todo esto mi prima responde: "Estamos en Venezuela".

Me molesté mucho y, aunque muchos no lo compartan, considero que en Caracas este sistema funciona mejor. En un Bus Caracas o Metrobús es impensable ver a un buhonero ofreciendo sus productos o al chofer incumpliendo con las paradas. Seguramente habrá habido algún caso que, particularmente, desconozco y agradecería relataran en los comentarios. El punto es, que Caracas también es Venezuela y, a pesar de ello, se nota el contraste cultural con la región Oriental del mismo país, por seguir un ejemplo.

En el aeropuerto de Barcelona- Anzoátegui, anuncian la salida de mi vuelo hacia Maiquetía, o eso parecía, porque no se escuchaba nada, a lo que una chica a mi lado le dice a su pareja que deberían colocar la salida del vuelo en las pantallas. El chico responde: "Estamos en Venezuela".

Entonces lo ideal en nuestro país es no quejarse y no hacer la diferencia, o eso parece, porque "estamos en Venezuela".

Tony Reyes

Octubre 17, 2014

Así es, completamente de acuerdo. Hasta que no nos demos cuenta que somos nosotros los que tenemos que cambiar, nada cambiará.

Dani

Octubre 20, 2014

Pero, ¿entonces es mentira que la mayoría de las cosas en Venezuela no funcione? Tampoco es que hay que negarlo, pues. La gente está tan cansada de ver tantas mierdas inservibles en este país que es como que normal decirlo. "Bueno sí pues, estamos en Venezuela", no necesariamente porque está diciendo que NO te puedes quejar pero se ha convertido en una mini explicación para no encabronarse tanto por algo que realmente no puedes resolver tú solo. Por ejemplo, el comportamiento de los autobuseros (que son unos becerros) o algún retraso o mal funcionamiento de un aeropuerto, terminal, ferri, etc. Aunque tampoco hay que negar que mucha gente tiende a exagerar.

Rosmy Piñango

Octubre 22, 2014

Yo suelo utilizar la frase "ni que viviéramos en Canadá" que hace referencia a lo mismo, la cuestión disgusta pero es algo que debemos confrontar con acciones, y es culpa de cada uno de los venezolanos el país que tenemos.

Rperez231980

Octubre 23, 2014

Muy buen escrito, entre esa frase que describes y la de "pero tenemos patria", realmente creo resumen el conformismo y la mediocridad del venezolano como pueblo, pero también fueron las razones por las que me fui del país. Por mucho que me comportara como si viviese en Canadá (usando un comentario anterior), muchos no lo hacían y me complicaban mi estadía en mi país natal. Hemos aprendido que para qué hacer las cosas bien, total vivimos en Venezuela y es muy triste que seamos tan denigrantes con nuestra patria, ese comportamiento se ve mucho en los vuelos de avión. Una vez montados en Maiquetía con destino al extranjero el pasajero Venezolano se comporta y mantiene las normas por miedo a ser bajado o multado en el país destino, pero por el contrario, cuando se retorna a Venezuela, suelen ser un desastre, no apagan el móvil ni usan el cinturón como es debido hasta que los hayan regañado un par de veces. No lo digo yo, pregunten a cualquier azafata de vuelos internacionales. Saludos.

¿QUÉ HAY AFUERA QUE NO HAYA EN VENEZUELA?

Noviembre 24, 2014

Mi padre está preocupado porque me quiero ir del país desde hace tiempo. Las ganas están desde que era un niño que iba en el asiento trasero del carro de mi mamá y al asomarme por la ventana veía las calles rotas y a niños jugando sin camisa en canchas improvisadas.

Cuando abría mis libros de geografía e historia veía imágenes hermosas de países desarrollados. Cuando leía la literatura fantástica que tanto me apasionó desde pequeño, descubrí que en la vida real también existen lugares similares. En fin, mi concepto de salir del país parecía una utopía, solo me fijaba en lo estético, más allá de lo funcional.

Hace poco se me dañó el carro e iba de copiloto en el de mi padre y en esas me suelta un comentario: "Tienes carro, dos casas propias, dinero ahorrado que no quieres gastar, recibes un sueldo mínimo mensual, aun así, te quieres ir del país sin saber cómo te va a ir, sin tener trabajo allá, ni casa, ni nada. Me preocupa que en tres meses se te vaya todo el dinero porque no consigues un empleo, ¿qué hay allá? Aquí lo tienes todo". Eso parece.

Tenemos un concepto de que tenerlo todo es tener casa, carro y un trabajo fijo. Ese es el concepto del buen vivir del venezolano.

Opino que un país desarrollado es aquel donde el rico puede usar el transporte público, no donde el pobre necesite un carro para poder salir.

Mi meta no es tener el mejor carro, sino poder disfrutar de la tranquilidad de mi ciudad mientras la recorro en bicicleta. Al menos esa es mi manera personal de disfrutar la ciudad.

Y, a propósito de "tenerlo todo", aquí no tengo seguridad, aquí la cotidianidad de manejar bicicleta por la ciudad es mi utopía.

Si pretendo hacer esa utopía realidad e ir en bicicleta a hacer mis compras, me doy cuenta de que el dinero que recibo no me alcanza para comprar todo lo que necesitaba.

Ni modo, de todas formas en el supermercado no conseguí leche, ni papel higiénico. Me tocará tomar el Toddy puro (bebida chocolatada en polvo) y limpiarme después de ir al baño con el cuaderno de matemáticas de bachillerato, ¿creen que es un chiste? Cuando se vive solo nadie te ve, y cuando no consigues las cosas tienes que resolver.

Mejor dejemos esa utopía así porque ya se convirtió en una distopía.

A mi padre le dije que si no lo intentaba iba a arrepentirme por el resto de mi vida. Agregué: "Además, a mí me encanta viajar. Supongamos que logre hacer el negocio de mi vida aquí en Venezuela y tenga mucho, mucho dinero, ¿tú me conseguirás los pasajes?".

En ese momento vi hacia la ventana, como cuando era niño, pero esta vez pasábamos por una zona muy bonita, con la playa cerca. Esta vez no quería irme por el paisaje de mi ventana, sino porque si intentaba disfrutar de él, podía terminar sin mis pertenencias o sin la vida.

Las ganas de irme eran las mismas, pero el motivo era distinto.

Zilka

Noviembre 24, 2014

Wow, somos más parecidos de lo que me pude haber dado cuenta cuando empecé a leer este blog. Yo también hacía lo mismo de pequeña, y soñaba con horizonte. Me juraba que cuando fuera grande me iría lejos y vería el mundo y sus culturas. Ahora que hasta cierto punto he podido hacerlo (gracias a Dios) quisiera regresarme a vivir a esa Caracas que ya no existe, que dejé hace tanto tiempo. Si alguna vez estás por aquí en Europa, mándame un email, estamos a la orden.

LC

Mayo 10, 2015

Vaya, ¡tremendo blog! Felicitaciones. Te comento, cuando te vayas, porque si así lo deseas, sé que lo lograrás… Cuando estés en el exterior añorarás otras cosas, soñarás con tu familia, tu cultura, tu música (aunque no te guste), tus tequeños/empanadas. Esa forma de ser del venezolano: abierto, directo, amigable con ese tono de "Miráh… ¿cómo anda la verga?" (Bueno, yo soy de esa zona del país). Pero al vivir en el exterior, te garantizo, que tendrás una paz mental. Todo funciona, el banco no es un caos -no tiene colas-, puedes hacer con tu dinero lo que tú quieras, si lo quieres en yenes, dólares, euros, lo que sea, puedes lavar platos y aun así tener un techo, cuando estés en una clase disfrutando de un "dorito", nadie pero nadie te pedirá "¿me das uno?", las leyes se cumplen -por eso las respetan-, la comida es extensa, y tienes la dificultad de elegir qué cereal comprar, o qué leche comprar, en fin, un orden que en Venezuela no hay, ni habrá, ya que en mi opinión personal, más del problema de la política, es un problema de cultura en sí del latinoamericano, que el europeo o americano no tiene. Cambiar culturas es algo bien difícil. ¿Es beneficioso irse del país? Bueno, ¿es beneficioso tener un mejor futuro?, ¿es beneficioso tener una paz mental de que cuando salgas no te atraquen?... Creo que ya conoces la respuesta de esas preguntas.

Dulce Juliett

Septiembre 9, 2015

Somos varios que coincidimos con tu forma de pensar, yo siempre soñé con viajar, con conocer otras culturas, costumbres, historia, etc. Hoy en día, a mis 40 años sueño con viajar pero por irme a un lugar donde pueda conseguir lo básico de todo ser humano: "la comida", sin tener que estar arriesgando mi vida.

Luis Melendez

Abril 15, 2017

Las alas saben cuándo la jaula es muy pequeña.

JUEGO VENEZUELA VS PERÚ EN PERÚ

Junio 19, 2015

En territorio peruano me tocó ver el juego que se disputó ayer entre mi selección, la Vinotinto, y la selección peruana. Así fue como me acerqué a la reconocida "calle de las pizzas" en Miraflores, distrito turístico de Lima.

Un amigo me envía un mensaje de texto diciéndome que me acerque a la mencionada calle para ver el juego con un grupo de venezolanos.

Cuando llego al lugar me sorprendo al ver que casi todos los restaurantes estaban repletos de gente con la famosa gorrita de Venezuela que ya se ha convertido en un ícono pop de nuestra nación. La tarea ahora era encontrar puesto. No conseguí. Entro a un restaurante a esperar a mi amigo y mientras lo hago saludo amablemente a varios que llevaban mi bandera en el hombro. Todos me ponían mala cara o, sin preguntar, me decían que el asiento estaba ocupado, ¡vaya, solo saludaba!

Finalmente llega mi amigo y comienza a sonar el himno nacional. Todos lo entonan con euforia y, por supuesto, aunque es claro que no debe hacerse, lo aplauden.

Pasado veinte minutos después de haber comenzado el juego y haber recibido una tarjeta roja, ya me quería ir de allí, no por el juego sino por la barra venezolana. Por más que la barra Vinotinto fuese grande, la peruana, lógicamente estando en su país, la superaba con creces. Los Vinotintos gritaban sus clásicos vocativos: "árbitro pajúo, vendío, hijo e' puta, maricón", entre otros. Basta que un jugador de Perú cometiese un error para que comenzaran con un "ayyy mariquito". Cuando el equipo peruano estaba a punto de anotar un gol, pero aún no lo conseguía, la barra gritaba: "Vee, huevón ¡llora, llora, llora!".

La barra peruana estaba tranquila dentro de lo que significa esa palabra en un juego de fútbol. Sus cánticos eran más tipo "Perú, Perú, Perú" o "…esta noche vamos a ganar". Eso al principio. Creo que el bullyng de los venezolanos consiguió que casi a punto de terminar el juego, cuando los peruanos tenían la victoria asegurada, cantaran "¿y dónde están, y dónde están esos venecos que nos iban a ganar?".

Bien es sabido que la palabra "veneco" es una forma despectiva de referirse hacia los venezolanos. No los culpo, hasta yo, que cargaba mi cédula venezolana en el bolsillo, lo sentí merecido.

Durante el medio tiempo, antes del gol de Perú, estaba la prensa peruana filmando a ambas barras (peruana y venezolana), y entrevistaron a varios de mis compatriotas. Vi a chicas con acento venezolano decir: "les vamos a ganar 2 a 0, papá", "Perú no tiene vida", "Vamos ganando solo que este árbitro ta' vendío". Chicos decir: "Esto ta ganao' papá, esos huevones no nos van a ganar", "Maricones, uhhh", y más.

La TV peruana me colocó el micrófono, no sé si al final transmitirán lo que dije porque andaba desarreglado y probablemente no sea material interesante para el amarillismo, pero mis improvisadas palabras fueron: "el juego está reñido y me gustaría que la victoria fuese de mi país, pero gane quien gane somos tierras hermanas, y Perú nos ha recibido muy bien en su territorio, estamos agradecidos por todo y que gane quien tenga que ganar. Si es mi país, feliz, si es el de ustedes, los felicito".

A propósito de esto, durante el segundo tiempo, y antes del primer gol, un maracucho nos comenta a mi amigo y a mí que necesita que ganemos para restregárselo en la cara a los peruanos porque no los soporta para nada. Mi amigo le dice "qué mal que te esté yendo mal en el país", a lo que responde que "el país no me ha tratado mal, Perú me ha tratado bien, pero su gente no, no la soporto". Yo le pregunto: "¿Y quién hace el país?". Es como cuando decimos que una relación sentimental va bien pero que la culpa de que yo me sienta mal la tiene el otro, ¿quién hace la relación? Ambos. Entonces probablemente, sea yo el de la falla.

Estamos en su país, nos han tratado muy bien, somos nosotros quienes debemos tratar de acostumbrarnos a su cultura, no ellos a la nuestra, aunque eso nos lo vienen repitiendo muchas veces desde la ola migratoria, no terminamos de entenderlo ni de aceptarlo.

Después de tanto bullyng que hizo la barra Vinotinto a la peruana, quedaron, o quedamos, porque también soy venezolano, como ridículos. Le hemos regalado buen material a la TV peruana (:

Aledumont

Junio 20, 2015

Verga, así son las fanaticadas, no veo nada de extraordinario. Ganas de criticar…

Wii

Julio 25, 2015

Bueno, déjense se tonterías y reconozcan que somos bastante falta de respeto en líneas generales, arrogantes y con poca cultura. Eso no es secreto, y si se sienten ofendidos me dan la razón, necesitamos ser más gente todos los venezolanos en general, las críticas son constructivas. ¿O por qué creen que nuestro país está en la crisis que está?, no precisamente por tener un plus ultra en valores.

Jeraldhine CG

Julio 15, 2016

Jajaja he leído casi todos los comentarios y de peruana a venezolanos les pido que comprendan a las personas con las que se cruzan, la gente en general es buena y amable, pero ya saben que no todos tienen la misma cultura y que toda regla tiene su excepción, ah y en cuestiones de fútbol, al igual que ustedes, somos bien espesos. Bendiciones a todos los Peruanos residentes en Venezuela y viceversa, ser humilde no es dejarse pisotear, es sólo cuestión de mirar o escuchar, aprender, y en ocasiones responder con prudencia cuando se sabe que uno tiene la razón (valor aceptado mayoritariamente). Paciencia muchachos, paciencia.

SEÑOR PRESIDENTE, SOY UN REFUGIADO

Mayo 7, 2016

Intencional o casual soy un refugiado. No soy el único, de eso no hay duda, tampoco soy parte de una minoría, sin embargo, poco se ha escrito sobre el tema de los refugiados venezolanos.

Desde el momento en el que decidimos salir de nuestro país por causas políticas, económicas, sociales, y pare de contar, ya estamos participando en nuestro autoexilio. Nuestro territorio de origen, la zona de confort, tu casa, ya es zona de peligro y decides huir de ese lugar.

El refugiado venezolano, generalmente no es un perseguido político, sino alguien que tuvo una vida y se la quitaron de manera progresiva, como un cáncer. Un día se dio cuenta de que se estaba acostumbrando a hacer colas por encontrar un producto básico, otro día se dio cuenta de que la noche no era para disfrutarse, las noches significaban peligro y casi un tabú el seguir despierto. Un día se dio cuenta de que su vida corría peligro sin necesidad de ser directamente perseguido, sino que la cotidianidad y la casualidad del territorio venezolano ya significaban un peligro.

De pronto haces tus maletas y con esfuerzo de meses logras comprar un boleto y ahorrar algo para irte a donde sea que no sea Venezuela. En ese momento recuerdas lo que es un país normal, te asombras al principio hasta que te acostumbras a llevar una vida tradicional de cualquier país sin crisis absurdas como las que se viven en Venezuela. Pero, buscando trabajo, si no tienes papeles, te das cuenta que todo se complica, que no era tan fácil, que ya hay muchos venezolanos por allí mendigando trabajos y suplicando una legalidad.

En países como Colombia o Perú la visa Mercosur no aplica. Los empleadores optan por no emplear a venezolanos porque resulta un problema "por los papeles". En este punto tan desesperante te sientes sin identidad, sin hogar, a la expectativa de qué hacer, pero una cosa es clara: a tu país no puedes volver, si lo intentas, tu vida corre peligro ya por el hecho de poner un pie en el aeropuerto. La inseguridad es tan grande que ni en tu casa estás seguro, el desabastecimiento es tan crítico que si te enfermas es cuestión de suerte encontrar un simple medicamento para la gripe, y las probabilidades de enfermarse son muy altas porque es muy difícil alimentarse bien, no hay comida.

Te autoexiliaste, si vuelves juegas a la vida y la muerte. En este punto el "Acuerdo de Cartagena" te protege si estás dentro de uno de los países miembros. Es un tema delicado, serio. No pretendo hablar del cómo ser un refugiado sino de cómo se siente ser uno.

La frustración de haber perdido un hogar es constante. El estar fuera de mi país y recibir la llamada del fallecimiento de seres queridos te desespera aún más. Pero ver a los políticos, al presidente de tu país decir que todo está bien y que diariamente se lave las manos y se ría del día a día mientras viste un Armani y habla de socialismo, pues, hermanos, eso sí dan ganas de llorar.

Hago responsable al Sr. Presidente de Venezuela de mi autoexilio y, a su vez, agradezco al país donde vivo por permitirme vivir en su territorio y ser considerado un ciudadano más con derechos.

Sr. Presidente, gracias a usted ya no soy natural del territorio donde vivo, gracias a usted soy un foráneo, un refugiado.

Gracias, Sr. Presidente, por quitarme una de las cosas que más amé: mi país.

Comentarios:

Nathalia Paz Barone

Mayo 11, 2016

Infortunadamente soy una refugiada

Jeraldhine CG

Julio 15, 2016

He notado que muchos de ustedes los venezolanos son muy arraigados; eso es muy bueno y transmite el amor que toda persona debe tener al país que lo vio nacer, se llama Identidad Nacional y es lo que pocos peruanos (así se piquen) tienen. Refugiado o no, estás prácticamente estable aquí, no lo desaproveches y sigue esforzándote.

DE ESTILISTA A VENDEDOR DE PAN

Agosto 6, 2016

Hoy quiero hablarles un poco sobre Amanda, mi tía. Ella es estilista profesional con muchos estudios en peluquería femenina. Oriunda del Estado Sucre y preparada como profesional en la ciudad de Caracas, donde se desempeñó en el ámbito laboral.

Amanda fue durante mucho tiempo estilista de Gledis Ibarra, una reconocida actriz venezolana que participó en importantes telenovelas del canal RCTV y posteriormente en Venevisión. Después de conocer a quien hoy sería su esposo, decidió establecerse en Puerto la Cruz donde, ahora en matrimonio, logró comprarse una casa y en ella seguía desempeñándose como estilista profesional, no necesitó publicidad porque entre conocidos se pasó la voz y la clientela fue tan grande que tuvo que usar el sistema de citas. Con los años tuvo una hija, quien es mi ahijada y a la cual he tenido la dicha de enseñar muchas cosas, no puedo dejar de sentirme orgulloso de su rápido aprendizaje con los idiomas.

Me saca una sonrisa cada vez que me escribe a la distancia que le recomiende un libro. Hoy tiene 14 años.

Amanda y su esposo trabajan en su casa, no tienen necesidad de salir, pues su esposo importaba accesorios de cuero para damas y caballeros, entre ellos carteras, calzado, ropa, entre otros y los vendía a los clientes de Amanda, que en su mayoría son mujeres.

La crisis en Venezuela golpeó también a esta familia de clase media cuyos planes cada mes era viajar, colocarle granito a la cocina, comprar un auto nuevo, darle un regalo a su hija o cualquier cantidad de cosas que se le ocurriese planificar durante ese mes. Ahora sus planes se limitaban a "guerrear" para comer algo el día de mañana.

La venta de accesorios de cuero estaba baja, casi nula, pues la población en general no podía permitirse endeudarse más. El servicio de estética que ofrece Amanda sigue vigente, por fortuna la estética es algo que en Venezuela siempre tiene un espacio como prioridad, pero ya no se consiguen los tintes ni demás utensilios necesarios para ejecutar un buen trabajo, además la luz se va todos los días y esto no permite trabajar.

El negocio de Amanda y su esposo se han ido desintegrando y tienen una hija que alimentar y costear sus estudios.

Amanda y su esposo se las ingeniaron. Un familiar tiene un conuco (chacra) donde siembra maíz y acordaron que comprarían sacos de ello e invirtieron en una máquina moledora. De allí nació la idea de vender bolsitas de masa de maíz con la cual se puede hacer arepas.

La arepa, el plato insignia del venezolano, que siempre se ha consumido más que el pan tradicional, se encuentra escasa hoy por falta de la harina de maíz pre cocida. Esta familia la vende ya preparada y a un precio más razonable que el precio *bachaqueado* de la harina en el mercado. Con esto y el rubro de la estética que aún le da algo de ingresos, se mantienen.

Amanda, profesional, ahora vende el pan insignia del venezolano. Este caso no solo lo vemos dentro de la crisis sino también en el inmigrante que se desempeña en otros campos que no es su profesión. A pesar de que Amanda está en Venezuela, yo desde Perú me identifico con esta historia.

Así como Amanda existen muchas familias de clase media que se las están ingeniando para sobrevivir en estos tiempos de crisis. Esta simple historia es una forma "bonita" de ver lo duro de la crisis.

Me gustaría leer tu historia y cómo haces para sobrevivir en este país. Te espero en los comentarios.

<u>Comentarios:</u>

Elizza0606

Agosto 7, 2016

Hola Carlos, ¿sobrevivir a la crisis? Bueno te cuento, somos emprendedores, tenemos una pequeña empresa, nos iba muy bien, comenzamos a vender accesorios para redes porque es nuestra especialidad, pero todo se ha puesto difícil y no aguantamos la crisis, por eso decidimos emigrar. La crisis nos ha golpeado a todos, de verdad todo lo que tenemos fue gracias a nuestro trabajo, a la empresa que nos dio todo, pero ya es imposible seguir así, que Dios ayude a que se encuentre el camino para salir de la crisis y Venezuela se enrumbe a un mejor futuro. Claro, con nueva gente, nuevo proyecto, nuevo presidente, en fin, en manos de Dios estamos.

José Luis

Noviembre 30, 2016

Hola Carlos, muchos nos sentimos identificados con esto, incluso estando en Perú.

Mariana

Mayo 25, 2018

Hola, mi historia es un poco diferente pero con el mismo resultado de tristeza y desilusiones, a mis 26 años era una abogada con un cargo en una compañía privada que no tenía nada que ver con el Gobierno, estaban relativamente bien ya que mi sueldo me alcanzaba para mis gastos y para ayudar a mi mamá, mas no para ahorrar, solo vivir con planes a corto plazo, al año de estar en la empresa deciden reducir personal, ya que se mudaban a instalaciones más pequeñas y yo fui una de las personas que quedó desempleada. Busqué en otras empresas y no tuve respuesta, inclusive estuve en el libre ejercicio y tampoco resultó, ya que las personas no podían costear un abogado y me pedían el favor algunos conocidos y no me podía negar, ya que conocía a algunas personas que me aligeraban la espera en los sitios como los registros o notarías, luego esos pequeños casos que tenía pasaron a ser favores y luego pasaron a desaparecer, me di cuenta de que ya no hacía nada y mi mamá me mantenía nuevamente. Cada vez que necesitaba algo o me enfermaba (sacarme una cordal, gripe muy fuerte que requiere tratamiento) recurría a ella o cuando necesitaba o quería comprarme algo. Lamentablemente ese año muere mi madre de un derrame cerebral, logramos internarla en una clínica, pues tenía un seguro pero luego fue remitida al hospital por su propio médico y allí murió. Fueron 11 días entre la clínica y el hospital, todo lo que vivimos en esos once días fue una pesadilla, la falta de medicinas, la falta de ambulancias para poder trasladarla a hacerle las placas cerebrales, la ausencia de los doctores porque estábamos en fechas navideñas y porque no se dan abasto en el hospital, correr detrás de los doctores para saber el estado de tu paciente, ver cómo cada media hora sacaban personas muertas y las paseaban por tu cara, otros que entraban caminando y salían muertos, también los delincuentes que estaban allí hospitalizados por problemas en el reclusorio y se paseaban en el hospital como si nada e intimidando a las personas como yo que se encontraban allí por sus familiares, y pare usted de contar. En fin, ahora muere mi madre y atravieso una gran depresión, consulté psicólogos y psiquiatras para ayudarme y también me di cuenta de que mi mamá era mi sustento económico. Conseguí un trabajo en una entidad del Gobierno aun cuando no quería trabajar allí lo acepté e inicié. Habían pasados como 8 meses de estar en el trabajo y salí embarazada, me despidieron sin razón alguna y no me respetaron mis derechos ni me dieron lo que aquí llamamos liquidación ni nada, simplemente me botaron sin interesarles nada, fui a otra instancia del Gobierno que aquí se conoce como el Ministerio del Trabajo y me aconsejaron que no perdiera mi tiempo, que jamás iba a ganarle la pelea al Estado, ellos tienen todo a su favor y yo no podía hacer nada. Embarazada me caso con mi novio de muchos años, solo teníamos un carro el cual tuvimos que vender para costear todos los gastos del embarazo y del nacimiento de nuestro bebé, hoy mi bebé solo tiene 5 meses de nacido y ya nos gastamos todo el dinero de la venta del carro, ahora nos toca vacunarla y no hay vacunas en Venezuela, ya no encontramos qué más vender para sobrevivir, mi esposo era dueño de una empresa constructora y vivía bien, ahora maneja un taxi con un carro que no es suyo para alimentarnos a diario y comprar pañales al bebe, rogándole a Dios cada noche que no se enferme. Ahora estoy aquí desempleada, con un bebé recién nacido y nuestra calidad de vida disminuyendo cada día más, cada vez con menos esperanzas, buscando las maneras de irme a trabajar por un mejor porvenir, pero a la vez limitada por mi bebé que aún está muy pequeño para dejarlo a cargo de alguien y que solo se alimenta de mi pecho, ya que las fórmulas alimenticias son incomprables, ni con 5 salarios mínimos puedo comprar una lata de fórmula. Esta es la realidad de muchos profesionales que estudiaron con tanto esfuerzo y no hemos podido ni en nuestro propio país lograr una estabilidad de ningún tipo, ni psicológica, ni económica, ni nada positivo. La frustración es muy grande pero las ganas de seguir están ahora más grandes porque tengo una familia por quien salir adelante.

NOTA FINAL

Ironías. Al principio de este libro nos encontramos con una historia cargada de prejuicios hacia un chico que trabaja en un mercado popular de Caracas y, a su vez, en un restaurante de categoría media. Finalizando el libro estamos ante una historia donde alguien de clase media tuvo que improvisar un ingreso para sobrevivir.

Esta es la realidad de los venezolanos en Perú y varias partes del mundo. De vivir cargados de prejuicios, señalando, hoy se han convertido en los señalados.

Nuestra sociedad ha tenido una evolución que ante la mirada del primer post, se trata de una mancha social, pero desde la mirada del último, el venezolano ha aprendido a la fuerza lo que es la humildad.

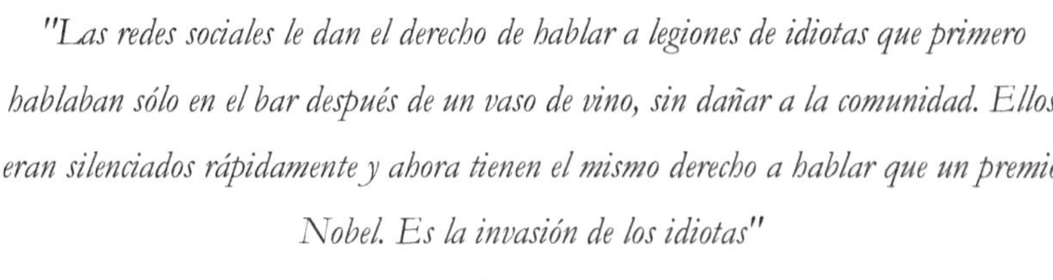

"Las redes sociales le dan el derecho de hablar a legiones de idiotas que primero hablaban sólo en el bar después de un vaso de vino, sin dañar a la comunidad. Ellos eran silenciados rápidamente y ahora tienen el mismo derecho a hablar que un premio Nobel. Es la invasión de los idiotas"

Umberto Eco

(La Stampa, junio de 2015)

Si deseas donar al autor para la creación de más proyectos literarios, escanea el código con tu celular.

¡Gracias!

www.ingramcontent.com/pod-product-compliance
Lightning Source LLC
Chambersburg PA
CBHW051057250726
48656CB00001B/347